flO

Nuit câline, nuit libertine

L'après toi

A toi que j'aime…

Je regarde mon corps

Je regarde ce corps, mon corps, celui que j'ai détesté, torturé, caché, pendant des dizaines d'années... Aujourd'hui, je regarde ce corps nu et froid, si froid. Ce corps que tu as aimé à la folie, que tu as longuement, passionnément, tendrement, infiniment, amoureusement aimé, embrassé, caressé, révélé.

J'ai adoré ta façon de me faire l'amour. Je n'avais jamais connu cela auparavant, jamais autant de tendresse, autant de folie, autant de désirs et d'envies. Jamais autant de magie, autant de feu, autant de soupirs et d'amour.

Aujourd'hui, je regarde ce corps que j'apprenais à entretenir pour toi, que je ne faisais plus souffrir, que je chérissais même, tant tu le trouvais beau et désirable... Je le regarde et il ne sert plus à rien là, plus à personne. C'est juste un corps vide de toi, vide de tes mains, de tes caresses, de tes lèvres, de tes baisers, de tes doigts, de tes attentions, de ton amour... Un corps vide et désespéré, qui souffre et qui a froid, qui se tort et qui gémit, mais de douleur... pas des plaisirs que tu lui offrais, pas des soupirs que tu lui chuchotais.

Mon corps a besoin de t'aimer, d'aimer le tien avec lequel il ne fait qu'un, d'être aimé encore du tien, avec lequel il se sent bien. Mon corps te réclame à corps et à cris. Il a mal. Il t'aime autant que moi je t'aime.

Mon Amour, je t'attendrai

Je vais m'allonger là, sur le lit parfaitement frais, ouvert, entièrement nue, ouverte, offerte, docile, fragile, petite, telle que tu m'aimes.

Mes yeux seront clos, enfermés, abrités, sous leur écharpe blanche. Les larmes s'en écouleront en myriades d'émotions sur mes joues.

Mes poignets seront liés par d'invisibles chaînes, de celles qui me retiennent, me retiendront toujours à toi.

Mes lèvres trembleront à peine. Mon corps n'aura pour seul frémissement que celui du froid et de la fébrile attente.

Mon cœur se donnera. Et je vais t'attendre ainsi, jour après jour, nuit après nuit, immobile, toi mon unique Amour, toi mon si tendre espoir.

... Jusqu'à ce que la mort me surprenne. Je t'aime.

Mon corps reste à toi

Je t'avais offert mon corps. Je m'étais offerte à toi.
Tu étais folle de mon corps, de ses courbes douces, de ses formes féminines, de ses émois pour toi, de sa saveur, de la douceur de sa peau, de sa tendresse envers le tien... et de tout l'amour qu'il dégageait en te souriant. Tu le trouvais si beau, tu le chérissais plus que tout, aucune partie n'a su résister à tes mains, à ta peau, à ton corps, à ton emprise. Sa beauté restera à jamais prisonnière, gravée sous tes paupières closes, dans ton souvenir, notre souvenir, derrière tes grands yeux. Chaque parcelle garde encore la chaleur de tes mains, le baume de ta langue, l'empreinte de tout toi. Une telle offrande ne peut s'effacer ainsi, un tel don de soi ne peut être rejeté, banni, oublié.

Tu m'avais offert ton corps. Tu t'étais offerte à moi.
Je suis folle de ton corps, de ses seins si petits et si doux, de sa peau au grain si fin et dorée, de sa saveur tiède et parfumée, de ses élans au goût de libertinage mêlé de fierté, de sa fougue et de ses transes, de sa tendresse envers le mien. Je le trouve si beau, je le chéris plus que tout, aucune partie n'a su résister à mes caresses que tu réclamais corps et âme, à mes lèvres, à mes baisers, à mon emprise.

Mon Amour, je te fais le serment que mes mains garderont le souvenir de ton corps que j'admire à jamais et ne se poseront jamais plus sur aucune peau, aucun visage, aucun corps. Je t'aime. Ton corps et ton âme ne m'appartiennent plus mais leur souvenir reste en moi, pour moi... à jamais.

Mon Amour, je te fais le serment que jamais personne d'autre que toi ne touchera mon corps, ni ne posera ses yeux sur lui. Je t'aime. Mon corps est à toi, tout comme mon âme, et ils le resteront... à jamais.

Mes caresses n'ont plus la saveur de tes mains

Allongée sur le lit, j'ai voulu caresser mon corps, juste pour voir, pour ressentir, comme on pouvait le faire quelques fois, seulement au téléphone mais ensemble, avec juste l'intensité de l'émotion de nos voix et la force de nos pensées et de notre amour l'une pour l'autre... Pour en arriver, finalement, à nous isoler, nous enfermer totalement dans notre bulle et parvenir à la jouissance en même temps, en un même spasme, en un même émoi.

J'ai posé ma main sur mon sexe. Il était froid et sec, tari de toi, comme le reste de mon corps... J'ai alors imaginé très très fort que c'était ta main, là, sur mon ventre, qui glissait toujours plus bas, qui s'insinuait vers cette petite chose fragile que tu appelais ton « nid coquin »... Ta main qui, si elle avait été là, ne serait pas restée sage bien longtemps, ta main douce et chaude, assurée, rassurante, aimante.

Mais ce sexe m'a presque répugnée... Ta main m'a même semblé hésiter, puis reculer finalement, d'un brusque mouvement de fuite... Elle ne voulait plus de lui, elle non plus. Elle le repoussait, le dénigrait, le laissait à l'abandon, ivre de désarroi, me laissant, moi, frustrée et honteuse, triste et déçue, amère et apeurée.

Blottie contre toi

Là, je me sens si fragile... si perdue... si vulnérable... si désemparée... si abandonnée... si démunie... si nue.

Là, j'aurais envie d'être toute contre toi, blottie, nue, toute recroquevillée en boule à tes pieds, bien à l'abri de toi, lovée dans le refuge de tes bras, enroulée autour de tes jambes, enserrant ta taille, agrippant tes mains. Enveloppant tout ton être de toutes mes forces, de tout mon amour, de toute ma "soumission" à tes regards, à tes caresses, à la douceur et la tendresse de ta "domination" si protectrice et si rassurante envers moi.

Là, j'aurais envie de t'appartenir plus que jamais... Je t'aime aux larmes.

J'ai appris l'amour avec toi

Avec toi j'ai appris ce qu'aimer signifie réellement.
J'ai appris le goût du toucher, la douceur de ta peau, le satin de tes seins, la soie de tes doigts. J'ai appris qu'avant toi je n'ai jamais aimé autant. J'ai appris qu'après toi il n'y a plus d'amour possible. Tu m'as aimée, tu m'as sublimée, tu m'as donné, tu m'as montré... Montré à quel point il est doux et fier d'aimer une femme, une femme telle que toi. Montré que le plaisir n'existe que s'il n'est partagé, que s'il est offrande, que s'il est tendre, que s'il est retour, que s'il est Amour.

Tu m'as appris à deviner les émois, à percevoir les frissons, à ressentir l'instant des larmes jolies, à pressentir l'émotion des corps endormis. Tu m'as aimée à m'en faire oublier toutes ces nuits d'infortune où je m'étais jetée dans des bras vigoureux pour de sombres réveils. Tu as fait jaillir de moi tous ces reniements du passé, pour les magnifier et les faire tomber en gouttes étoilées au gré de mes envies, ces envies de toi dont je suis maintenant fière et libre et que j'ai aimé toucher du bout des doigts, pour te les offrir à jamais et qu'elles laissent sur ton corps un souvenir au goût sucré de tendresse.

J'ai appris que je m'étais murée dans ce trop long silence et que toi seule a su m'en délivrer, ouvrant grands les rideaux de mes yeux toujours bas, éclairant mon regard apeuré, inconfiant, indécis. Tu m'as ouvert cette voie où je ne vois plus que toi, cette voie de la douceur féminine, de la sensualité câline, cette voie de l'amour interdit, des plaisirs impolis, que j'ai goûtés avec tant d'ivresse et d'infini bonheur, qu'ils se refermeront sur ton corps, accroché à jamais à mes mains, à mon cœur.

J'ai aimé une femme pour la première fois. J'ai aimé autant pour la première fois. J'ai été aimée... pour la première fois. Je t'aime.

Je t'appartiens dans les silences de ton amour

Depuis que tu n'es plus là, je vis comme en léthargie, comme incapable de réagir. Mon corps attend là, inanimé, sans vie, inerte, ivre de tes caresses qu'il ne recevra plus... Il te reste pourtant fidèle, sincère offrande que personne ne reçoit, divine candeur dont personne ne prend soin. Sa bouche est tendue vers d'improbables baisers. Ses mains sont jointes en indécises prières, en un mea culpa que tu n'entendras pas. Ses bras sont tendus en impossible espoir de rencontrer les tiens.

Les jours me semblent durer des années et les nuits des éternités. Tes mots résonnent sans cesse à mes oreilles. Ta voix murmure des « je t'aime » qui transpercent le silence de mes ombres. Tes mains effleurent mon visage avec une tendresse infinie. Tes lèvres viennent cueillir une larme avant qu'elle ne roule sur ton sein et tu m'offres tes bras, pour me protéger de moi-même, pour éloigner ce cauchemar dans lequel je t'attends éperdument, éternellement, passionnément.

Depuis que tu n'es plus là, j'ai en moi un terrible sentiment de ne plus appartenir à personne, d'être vidée même se sens, d'être libre, de cette liberté qui me fait si peur, si mal, de tout cet espace qui ne se voulait peuplé que de toi mais qui n'est plus comblé que de rien, de ces promesses qui ne sont plus que chimères, de ce don de moi, corps et âme, aux silences de ton amour enfui, de ce cœur lié à ton cœur par d'invisibles chaînes qui, maintenant, se traînent à mes pieds, emmurant mon corps nu dans le froid de nos draps déchirés.

Allongée près de ton rêve

Les jours passent sinistrement et je n'espère que leur fin. J'attends que la nuit me prenne dans ses bras, qu'elle offre à mes rêves ces instants de délice où les élans de nos corps nous emportent toi et moi, toi sur moi, toi en moi.

Je n'attends plus que ça, je n'espère plus que ça. Me retrouver derrière son voile noir, derrière le noir de mes yeux cachés sous leur bandeau, pour m'allonger près de ton rêve, l'enserrer de mes bras câlins et déposer sur ta nuque des baisers en cascade.

Mon Amour, comme j'aimerais que la nuit m'entraîne pour toujours, pour ne plus jamais perdre de vue ton visage plein de tendresse, allongé là, sur l'oreiller tout près du mien... Ton visage, toujours illuminé de cet immense sourire qui me fait fondre, de ces grands yeux si doux qui n'attendent que je m'allonge pour me dévorer et de ce corps déjà nu qui n'a que pour envie de m'enlacer.
Je t'aime.

Nos histoires d'émois et d'amour

Toutes ces histoires que tu savais si bien me raconter... du bout de ta voix sensuelle, puis mutine et amoureuse, du bout de tes lèvres du soir. Des histoires qui parvenaient au creux de moi pour m'enivrer dans une course folle, effrénée, qui me laissaient deviner tes soupirs, tes sourires, tes désirs... Des histoires coquines et câlines pour nous emporter loin, très loin, au bout de nos fantasmes, pour m'endormir quand tu étais loin de mes bras, pour m'éveiller quand tout ton corps n'était que du froid près de moi.

Qu'elles me manquent ces histoires au goût de nous... Celles qu'on a vécu, comme des caprices exaucés, celles qu'on a partagé, comme de folles envolées, celles dont on a rêvé, les yeux pleins d'étoiles et nos corps frissonnants de les évoquer.

Des histoires charnelles et délicates, intimes et fragiles, comme l'éphémère Amour qui nous a succombé, comme le déclin des jours sans tes baisers. Des histoires où tu te racontais pour moi, où tu nous inventais une ronde de délices et de supplices, une ronde de l'amour éternel aux promesses de sincère dévotion, de douce, très douce soumission. Des histoires que j'attendais avec ferveur, pour en emplir mon cœur, pour en troubler mon âme, pour en envoûter mon corps, pour t'offrir, à travers mes soupirs, la volupté de mes émois pour toi, la caresse de mon souffle sur toi, l'envie de les voir devenir Vie pour nous, de ne les vivre qu'avec toi, telles que tu me les avais dépeintes.

Aujourd'hui, je les relis ici et j'en connais les moindres détails, les moindres délices, mais elles n'ont plus ce goût sucré, ce goût défendu de l'amour libertin, de l'amour coquin, que nous partagions toi et moi. Elles n'ont plus la chaleur de ta voix, la tendresse de tes mots. Elles n'ont plus que pour âme le souvenir de ton amour et toute la force que je mets en cet espoir de te retrouver mon Amour.

Une relation entre force et fragilité

Une histoire que tu avais écrite pour moi, une histoire de nous deux, des sentiments qui nous habitaient. Une histoire que tu n'auras pas eu le temps de terminer mais que je mets ici malgré tout, parce que je l'adore. A son propos et à propos de notre relation, tu disais « J'aime ce mélange de force et de fragilité et l'équilibre du rapport de force sans doute. J'aime ce qu'il amène en fait, l'immense douceur a la fin... puis le feu ». Merci pour ça... Je t'aime.

Depuis longtemps elle refusait que je vienne la voir à son bureau. Elle craignait mon manque de retenue, mes envies soudaines de défi, mon goût pour les situations extrêmes et pimentées. Mais, ce jour-là, justement, je n'avais pas envie d'écouter cela. Trop d'envies en moi. Et puis, je ressentais ce refus comme une injustice. Je décidai donc de passer outre, et de lui faire la surprise d'une visite. Après tout, j'avais envie de la voir... oui, de la voir.
J'arrivai en face de la porte de son bureau, marquai un temps d'arrêt, puis entrai, sans même frapper.

Dès mon entrée, je lus dans son regard brillant toute l'ambiguïté de ses sentiments, un certain mélange de crainte, de détresse, de joie, et d'envie profonde et irrésistible. Quel beau regard que ce regard-là, ce regard perdu, mais si plein de désir. Je sentis, à le voir, la fièvre monter en moi.

Je laissai alors la porte légèrement entrebâillée et m'adossai au mur, mains dans le dos, la contemplant, émue mais déterminée. J'aimais ainsi lire en elle, ce petit mélange de gène et de plaisir, ce petit air palpitant qui disait « Viens, va-t-en ». Qu'allait-elle dire ? Comment allait-elle réagir ? Elle semblait pétrifiée, mais heureuse.

J'attendais un geste. J'avais envie d'avancer vers elle, de la prendre dans mes bras, de la serrer fort, mais je savais que je n'en ferais rien. Elle semblait ne plus supporter la pression de mon regard. Elle fit semblant d'ignorer ma présence et se remit au travail, le nez dans ses papiers.
- Bonjour ma chérie, dis-je d'un air pervers et entendu... tu ne dis rien... je m'en vais si tu veux.

Elle ne répondit rien.
Sans un regard, elle demeura dans ses papiers. Pourtant, des tremblements à peine perceptibles témoignaient qu'elle était en proie à de violentes émotions. Je savais les percevoir, tout comme je vis le rouge qui envahissait ses joues. Mon désir d'elle s'en trouva exacerbé, et j'eus envie de jouer de la situation. J'attendis, l'observant avec calme, patiemment. Elle était animée de petits gestes nerveux et fuyants, comme si elle était de plus en plus tiraillée entre panique et désir. Qu'il était bon de sentir cela monter en elle. Moi-même, me sentais partagée entre mon ardent désir d'elle, et mon envie de juste la serrer contre moi. Mais je restai là, à l'observer, attentive au moindre tressaillement. Je savais qu'elle ne tarderait plus à s'exprimer, sous la lourde pression de mon regard silencieux.

- Je t'avais dit que je ne voulais pas que tu viennes ici. Je ne suis pas tranquille, au moins ferme la porte... dit-elle enfin d'une voix tremblante et mal assurée.

Je m'amusais de la situation. Fermer la porte. Je souris de ce « va-t-en, mais reste là ». J'avais envie de pousser plus loin encore ce petit jeu qui provoquait en moi tant d'émoi... et en elle aussi, je le sentais.

- Tu ne dis pas ce que tu penses, ma Chérie, je le sais. Je suis même sûre que tu mouilles... répondis-je alors d'un air hautain.

Elle leva alors vers moi un regard magnifique, de détresse, et presque de larmes, mais si emprunt de désir refoulé, que j'en restai un moment bouleversée. Tout confirmait dans ce regard que je ne me trompais pas.

Elle était si belle ainsi et... comme je l'aimais. Je la sentais si fragile ainsi, que j'hésitai à poursuivre ma provocation plus avant. Pourtant, à nouveau, elle repartit dans son travail. Qui donc jouait avec le désir de l'autre ?

Je me repoussai du mur, croisai les bras et m'approchai du bureau où elle semblait maintenant parfaitement m'ignorer. Elle semblait même si absorbée par son travail que je sentis une sorte d'agacement me gagner. Le rapport de force s'inversait, or, je voulais rester maîtresse du jeu.

- Je vois, dis-je, tu préfères tes chers papiers à ta chère et tendre.

Elle ne leva même pas la tête et dit :

- Pas ici, je te l'ai dit.

- Pas ici ? Mais moi j'aime te voir où je veux et quand je veux, ici comme ailleurs, dis-je encore d'une voix que j'aurais voulu plus dure.

- Certes, mais pas ici... répondit-elle sans faillir.

Sans doute se prenait-elle au jeu. Elle reprenait le dessus.

Je sentis même son envie de me pousser à bout. Car elle savait que je pouvais avoir du mal à gérer mes émotions. Allait-elle me prendre à mon propre jeu ?

D'un coup d'un seul, et sous le coup d'une émotion vive, mélange d'énervement, de colère, d'angoisse, de désir et de jeu, je déblayai tout son bureau.
- Voila ce que j'en fais de tes papiers, moi !
- Non... t'as pas le droit de faire ça. j'en ai pour des heures à tout retrier, tout ranger, moi !
Elle se leva de son bureau, affolée, et jeta un regard vers la porte entrebâillée mais ne fit pas un geste pour aller la ferme. Elle regarda ses papiers... puis la porte. N'importe qui pouvait entrer et voir le massacre. Elle s'accroupit et commença à les rassembler.
- C'est malin ! T'es folle ! Regarde-moi ça ! Et si quelqu'un entrait ?

Elle se releva et se planta devant moi avec la rage du défi dans les yeux. Une gifle claqua... sèche, instinctive. J'en restai pétrifiée tant je ne m'y attendais pas. La chaleur cuisait ma joue. Je l'avais cherché certes, pourtant, une grande déception m'envahit. Je ne bronchai pas, mais mon regard se fit dur et... triste. Elle se rendit compte alors de son geste et lut la déception dans mon regard. Une déception vraie, une tristesse aussi, qui étaient là, derrière le masque de ma force et de mon apparente dureté. Elle en fut paniquée et tomba à genoux.
- Pardonne-moi, je ne voulais pas.
Son geste m'émut profondément, malgré mon chagrin et ma colère. Pourtant…
- Tes papiers... il n'y a donc que cela qui compte pour toi... dis-je d'une voix lourde de tristesse.

22

- Mais non, mais...
Sa voix s'étrangla.

Je sentis qu'elle faiblissait, qu'elle rendait les armes, comme affolée - ou sans doute regrettait-elle les mots qu'elle venait de dire -, que sa colère s'envolait. La panique, l'envie, l'excitation de la situation la remplaçaient. Et puis, la voir là, à genoux à mes pieds, m'offrait d'étranges sensations et comme un sentiment nouveau, celui d'une force protectrice qui montait en moi, venue de je ne sais où. Je me surprenais à découvrir que je vivais intensément ce rapport de force amoureux, un peu pervers, qui s'installait entre nous.
- Puisque c'est ainsi, tu as gagné, je te laisse à tes chers papiers... je te laisse salut.

Mon ton était sec. Je tournai les talons et me rapprochai de la porte. Elle aussi semblait aimer ce rapport de pouvoir si étrange et si fort émotionnellement. Elle n'avait plus qu'une envie : m'empêcher de partir. Elle se rua vers la porte et s'y adossa, me barrant le passage et la claquant d'un coup, sans se soucier du bruit que cela provoqua. Elle cria :
- Reste !!! S'il te plait
- Trop tard, tu as du travail.

Je la pris fermement par le bras, voulant l'écarter de la porte. Mais Elle ne cédait pas. Pourtant, sous ma poigne, elle se retrouva à genoux... à mes pieds, pour la deuxième fois. Son bras semblait moins raide dans ma main, elle s'abandonnait... je le lâchai. Elle leva alors la tête, me jeta un regard presque implorant... et fondit en larmes.
- Non, je t'en prie, ne pars pas, je m'en fiche des papiers. C'est toi que je veux.

Très émue, je flageolais. Elle était la proie d'émotions si violentes que son corps commençait à trembler. Tout ça était nouveau et inconnu pour nous. Tout cet amour-là entre nous, qui s'exprimait si étrangement et pourtant, qui s'exprimait. N'y tenant plus, je lui caressai les cheveux d'un geste d'une infinie tendresse... puis ses joues... mouillées de larmes. Elle était agitée de sanglots. Je pris sa tête entre mes mains, essuyai ses larmes... je s'accroupis, face à elle et posai mon front contre le sien, ma voix se fit douce, douce et tendre.
- Chut, ne pleure pas, ne pleure plus ma Chérie... c'est fini... je t'aime... c'est fini... je reste là, je t'aime, je t'aime.

Mes larmes non plus n'étaient pas loin. Je serrai sa tête fort dans mon cou et la laissai se vider de ses larmes un moment. Le bureau, les papiers, les gens, le travail, plus rien n'existait que ce moment, ce moment intense qui nous laisseraient exsangues tant il était intense. Combien de temps cela dura-t-il ? Qui aurait pu le dire. Mais les sanglots, peu à peu, se calmèrent. Alors je desserrai mon étreinte et glissai mes lèvres sur les siennes avec force, avec une telle force qu'elle me répondit avec la même force, enserrant ma nuque à son tour. La chaleur, à présent, montait entre nous... en nous aussi, et le désir ardent. Doucement, nous nous se relevâmes. Sans cesser de nous embrasser.

Je percevais la force de son désir, et la force du mien. Et, déjà, je sentis sa main se glisser sous mon chemisier dont les premiers boutons n'étaient pas mis. Déjà, elle le faisait glisser sur mes épaules, découvrant ma poitrine nue. Déjà, j'étais demi-nue, là, dans ce bureau, entre ses mains, folle de désir. Et puis elle savait que j'étais venue là, juste pour elle.

24

Sous ses doigts, elle sentait mon corps trembler, la fièvre m'envahissait. J'étais comme à bout de force, à la merci de son désir. Ses mains voulaient mon corps, elles le voulaient là, tout de suite, dans l'instant. Un désir pulsionnel ardent et irrépressible s'empara alors de moi.

Je m'emparai alors de son T-shirt et le lui retirai sans ménagement, un peu à la sauvage, comme elle aimait. Je dégrafai son soutien-gorge et toutes deux nous retrouvâmes demi-nues. Surgit alors en moi l'ivresse d'un parfum, l'ivresse de ses formes que j'aimais tant sous mes doigts. Ces formes, j'en voulais plus encore. Je les voulais toutes sous mes doigts, sous mes yeux aussi, que la folie prenait. Ce parfum m'emportait. Je plongeai ma tête dans son cou, à la recherche de toujours plus d'ivresse, tandis que mes mains épousaient ses formes. La douceur de sa peau... de sa peau. Les mains sur ses seins, sur ses hanches, me transportaient. Je voulais crier... crier mon amour, mon plaisir, mon désir.

Alors, comme un bâillon, je mordillai son cou. En moi, tout bouillonnait, c'était le tumulte, le feu, la passion. Mes mains, maintenant, rencontraient son pantalon. J'eus voulu le lui arracher. En même temps, je sentis son corps se serrer plus contre moi. Elle avait tressailli. Des pas dans le couloir.

Je n'en avais cure, j'étais si loin. Et puis je savais, au fond de moi, que personne n'entrerait. Pourtant elle fit mine de se rhabiller. Alors, je saisis ses poignets, les ramenai derrière son dos et me mis à l'embrasser plus fort encore. Elle ne pouvait protester. Elle ne résista pas longtemps et, à nouveau, se détendait, tandis que les pas s'éloignaient. Alors, ne lâchant pas ses poignets, je les ramenai le long de son corps et, la prenant dans mes bras, je la serrai fort fort... l'entrainant dans ma folie. Elle se laissa aller... et toutes deux glissâmes à terre, sur le sol du bureau... dans une folle étreinte.

Puis elle eut un geste qui acheva de m'emporter, elle avait saisi mes poignets, et me plaqua les bras contre la moquette, puis s'empara de ma bouche dans un baiser. Un baiser dont la force et la sensualité emportèrent mes dernières forces. J'aimais sentir sa force ainsi, comme elle avait aimé sentir la mienne sur elle... j'aimais me sentir ainsi prisonnière comme elle avait aimé se sentir à ma merci. Le mélange était divin et semblait totalement partagé, fusionnel.
- Comme je l'aime, pensai-je.

Tant d'amour m'envahissait soudain, que mes larmes allaient sortir à présent, je le sentais... des larmes d'un merci venu du plus profond de moi, des larmes qui devaient sortir toute ma reconnaissance malgré toute ma pudeur de sentiment, des larmes qui voulaient exprimer la force de ce que je ressentais.

Dans cette folie d'émotions et de feu, je me rendis soudain compte que j'étais nue... entièrement nue entre ses mains. Je m'étais « absentée » un moment, dans mon ivresse. Mais là, maintenant, je sentais bien ce doigt qui voulait... ce doigt qui voulait plus encore, ce doigt qui caressait mon petit bouton et me rendait folle... et tordait tout mon corps. J'aurais voulu crier encore mais elle me glissa un « chuuuut » si rassurant à l'oreille... j'aimais sa voix, je l'aimais plus encore lorsqu'elle me disait ce « chut ».
- Chut, continuait-elle doucement.

Je ne savais plus où j'étais, ni même quand. Je sentais juste son corps contre le mien, son doigt en moi maintenant... et ce qui allait exploser en moi... ce qui allait exploser. Elle devait le sentir aussi car elle posa doucement sa main sur ma bouche et glissa un nouveau « chuut ». Il était temps. Tout surgit en même temps, un cri étouffé, des étincelles du fond de mes yeux et, surtout, la magie d'un violent plaisir, sous ses doigts de fée.

Soudain, je sentis un intense besoin de tendresse et de réconfort. Je me serrai fort contre son corps qui connaissait l'importance de ce moment pour moi. Elle me prit dans ses bras, blottie. Et là je laissai exploser mes larmes. Les mains dans mes cheveux, caressantes, Elle me laissait m'apaiser en me parlant tendrement. Elle connaissait cet état émotionnel intense dans lequel je pouvais me retrouver après la jouissance. Elle connaissait ce vertige qui s'emparait alors de moi... et qui mettait de longues minutes à me rendre à elle. Enfin je parvins à balbutier.
- Merci ma Chérie, je t'aime.
Et je sentis ses larmes rouler sur mes joues.

D'appartenance en délivrance

Je n'ai pas oublié la première fois où tu as enfermé mes poignets dans tes bracelets. Je n'oublierai jamais la douceur de ton regard à ce moment-là, la délicatesse de tes gestes, ton attention à ne pas trop les serrer. Derrière ton sourire plein de tendresse, j'ai pourtant vu la peur, malgré tout, la peur de mal faire, de faire mal, la peur de décevoir, celle d'aller trop vite, d'être incomprise et de perdre ma confiance. J'ai aimé cette peur comme j'ai aimé cet instant de fusion et d'infini partage entre nous, un instant parmi tant d'autres, tant d'autres.

Et puis, il y a eu le plaisir... celui qu'il me semble maintenant ne jamais avoir connu auparavant. Un plaisir subtil et fragile mais grandiose. Celui que tu as découvert en moi. Celui que tu as réussi à faire éclore, à faire grandir, à sublimer, à apprivoiser, à t'approprier. Ce plaisir découvert et offert avec tant d'amour pour la première fois, avec tellement d'audace et de fierté. Jamais personne n'y était parvenu ainsi avant toi, jamais. Pour la première fois je me suis sentie désirée, aimée, belle, femme. Pour la première fois j'aimais sincèrement, pleinement.

En confiance, mes yeux se sont fermés et, dans cet inoubliable vertige de nos sens, j'ai été à toi, à toi seule. J'avais la sensation d'être totalement libre, libérée... et puis celle, paradoxale, d'être sous ta protection, sous ta tendre emprise, de m'en remettre à toi, corps et âme, de me soustraire à mes maux, à mes choix, pour me laisser aller complètement au gré de nos émois, au vent de nos ébats. Une sensation magique de délivrance et d'appartenance.

Vertige de l'émotion

Attachées l'une à l'autre par les bracelets, mes mains sont bien loin au-dessus de ma tête. Mon corps, déjà tendu de ce brin d'anxiété, se cambre dès le premier effleur de tes lèvres, dès la première caresse de tes mains. Ton regard le parcourt, le dévore, en apprend les moindres détails pour encore mieux le faire réagir, lui qui te réclame si fort... Patiemment, presque solennellement, tu joues avec son plaisir, le laissant se languir, le couvrant d'amour à petites doses, par petites touches de couleur, de douceur.

Tu es si belle en cet instant, si fière, que j'en ai le souffle coupé tant l'émotion me submerge... Emue jusqu'aux larmes qui s'échappent en silence, mêlées à celles du vertige quand ton corps tout entier vient recouvrir le mien, altière possession, quand nos cœurs liés battent à l'unisson, l'un contre l'autre, quand ta joue s'endort contre la mienne, repue de ses rêves.

Te murmurer un baiser

Je t'aime et je voudrais tant pouvoir le murmurer en baisers sur tes lèvres, le chuchoter en caresses sur ta peau, le susurrer en tendresse sur ton âme.

Un écrin de solitude qui m'étreint

J'ai perdu la douceur de tes bras autour de moi et la solitude est devenue le seul écrin qui m'étreint. J'ai perdu la caresse de tes mains sur moi et ce grand lit vide n'enveloppe plus que des nuits tristes de froid. Mon Amour, mon cœur semble ouvert aux quatre vents et mon corps a si peur de ses tourments. Je ne sais plus où réfugier mon âme inconfiante. Je ne sais plus où accrocher mon amour immense. Tout me semble creux, dénué de sens. Tout me fait détester de plus en plus ce corps que tu aimais tant, cette poitrine à la peau douce et laiteuse où tu aimais venir chercher tendresse et réconfort.

Tout mon corps est vide, comme fané et tari... tari de ses envies, de ses folies... tari de ses désirs, de ses plaisirs... il n'éprouve plus rien, ne ressent plus rien. Il ne respire plus, comme engourdi, transi. Il s'endort, perd conscience de son identité, de ses capacités à plaire, à aimer. La petite fleur fragile, sans tes attentions, s'est ternie à jamais. Elle qui s'était si joyeusement éclose et offerte, s'est flétrie de jour en jour, pour se refermer à jamais sur l'ultime caresse de ta langue amoureuse.

Passion possession

Depuis toi, je ne sais plus vivre sans amour, je ne sais plus m'endormir sans caresses, sans baisers, ni me réveiller sans câlins, sans tendresse... J'ai besoin de sentir mon corps frémir, vibrer, exploser. J'ai besoin de le sentir céder sous d'avides mains amoureuses, de le sentir se cambrer puis plier à d'autres ardeurs. J'ai besoin de le voir se donner, s'abandonner, sans concession aucune, à la force des pulsions, à la moiteur des passions.

Mon corps veut se tordre, mon souffle veut se rompre. Mon âme veut appartenir, veut donner, veut grandir... Qu'une douce soumission me fasse défaillir, qu'une tendre possession s'en empare pour me laisser inanimée, les paupières closes de plaisir, le cœur palpitant de désir avec, sur mes lèvres, un merci en sourire, un je t'aime en soupir.

Tes lèvres pour recueillir mes soupirs

Mon Amour, chaque nuit je rêve encore de tes mains sur moi, elles viennent m'enlacer et la douce torture qu'elles me font subir me rappelle combien je t'aime, combien elles me manquent.

J'aimerais tes lèvres pour recueillir mes soupirs.
J'aimerais ta fièvre pour embraser mes désirs.
J'aimerais ton corps pour protéger le mien d'autres mains.
J'aimerais que tu sois là, blottie contre moi et que, de nos salives mêlées, naissent de nouveaux émois.

Des nuits de « Je t'aime »

Il y a déjà un moment que tu es partie maintenant... et pourtant tu remplis encore mon cœur à 100%. Tu prends toute la place, je te porte en moi jours et nuits, comme un amour impossible à quitter, à oublier, à regretter, à regarder s'éloigner. Tes mains, tes doigts, ta bouche, tes lèvres, tes jambes, tes seins, tout ton corps est en moi, sur moi... mais plus à moi.

Quand, la nuit, dans mes rêves les plus sensibles et les plus doux, ta bouche vient prendre la mienne, mon corps est parcouru de frissons impalpables et de larmes invisibles. La douceur de tes seins vient caresser les miens et m'enferme aussitôt dans la bulle que nous avions créée, la bulle qui m'isole du reste du monde, pour me maintenir serrée contre toi, jusqu'à notre au-delà.

Quand, dans ma nuit toute peuplée de toi, ton corps vient s'enrouler autour du mien et que je sens ton souffle paisible sur ma nuque, tes cheveux sur ma joue, tes bras rassurants autour de moi, je prie pour entendre à nouveau tes « je t'aime ».

Les dépravées

Les dépravées s'éveillent à peine, languissantes, de leur nuit de cristal, que déjà leurs mains se cherchent et se fouillent, fébriles sous leurs robes retroussées haut sur leurs cuisses. Leurs regards troubles, affolés, vicieux se lançant des défis de tous genres, des défis de cauchemars, des défis de déviances. Leurs déhanchements sordides, lascifs, prennent de l'amplitude. Leurs jambes ouvertes s'offrent un partage exquis, teinté de débauches et d'envies. L'envie fulgurante de se donner du plaisir, seules, une à une, tour à tour, ensemble.

L'une enflamme l'autre, l'autre embrase l'une. Elles ne connaissent ni honte ni remord, ni peur ni douleur. Elles sont sœurs de vices, sœurs de supplices. Fières de leurs dévergondages, fières de la complexité, de la complicité que, seules, elles savent lire, interpréter et réclamer dans le regard l'une de l'autre.

Sans équivoque, elles se provoquent, se joutent, se jouent, se shootent, s'en foutent, de tout... Il n'y a plus qu'elles deux qui comptent. Quoi qu'elles décident, elles sont perdues. Elles se sont données, abandonnées, puis oubliées, ensemble, enserrées de leurs bras de tendresse, emmurées dans leur prison de poisons. Celui qui coule dans leurs veines et inonde leurs neurones déjà viciés.

Leurs mains innocentes, en apparence seulement, s'agitent sous le tissu de leurs robes légères et fleuries. Leurs jambes, haut croisées, sont étroitement serrées, comme pour enfermer leur propre plaisir à l'intérieur de leurs ventres gonflés de désirs. Le crissement de la soie de leurs bas se mêle aux gémissements qui s'échappent de leurs lèvres entrouvertes. Le vice est dans leurs peaux comme autant de frissons qui les parcourent insidieusement. L'une répond à tous les désirs de l'autre. L'autre correspond à tous les fantasmes de l'une. Elles se sont trouvées, elles se sont aimées, elles se sont égarées.

Les délices divins qu'elles s'infligent et qu'elles seules savent attiser de mille feux, de mille jeux malsains donnent à leurs caresses un goût de venin et de fiel, une odeur de toxine et de miel, parmi les effluves de leurs parfums raffinés et de leurs liqueurs unies.

Tantôt debout, tantôt assises, tantôt à genoux, tantôt soumises, elles se caressent à n'en plus finir, jour et nuit, insolentes, indolentes. Elles font vibrer leurs corps, sous le silence des tentures et leurs chevauchées fantastiques ne sont que luxures et drogues dures. La recherche du plaisir, toujours plus intense, est devenue leur quête, leur passion, leur guérison, leur addiction.

Deux toxicos jumelles, belles à en pleurer, aux âmes sombres et perverties.

Deux vicieuses dépravées, délurées qui se tentent et se testent, en permanence, qui s'aiment comme elles se détestent, qui s'affolent comme elles s'affriolent, qui s'adorent comme elles s'endorment, dans les bras l'une de l'autre, repues de leurs amours troubles.

Deux salopes aux regards de braise, faites pour se dépraver ensemble, un peu plus chaque jour, jusqu'à leur si délicieuse perdition.

Deux cœurs qui battent à l'unisson, d'un même frisson, d'une même addiction.

Deux alcooliques de l'amour, aux bas souillés de leurs sécrétions sucrées, aux ventres torturés de leurs jouissances répétées, aux pupilles dilatées de larmes frelatées.

Deux débauchées, comme deux enfants impures, qui se tiennent par la main au-dessus du vide, pour y sauter ensemble, leurs regards éperdus de folie plongés l'un dans l'autre, leurs bras qui s'entourent et se protègent mutuellement.

Deux femmes qui s'envoient en l'air comme elles s'aiment.

Au pli de leurs veines délicates, un poinçon rouge, témoin de la luxure extrême, qu'elles s'offrent en cachette, dans des appartements secrets aux allures de boudoirs. L'une est assise sur les genoux de l'autre, jupe relevée, un bras passé tendrement autour de son cou, dévorant des yeux son amante à la main experte qui ne tremble même plus, et cette minuscule aiguille qui appuie, perce, puis pénètre langoureusement sa veine, aspirant un peu de son sang pour recracher en elle l'exceptionnel breuvage qui lui laissera l'empreinte indélébile de sa vicieuse, mais ô combien délicieuse, compagne.

Même si elle ne craint rien, même si elle a toute confiance, son bras se serre et se crispe autour de son cou, sa main empoigne ses cheveux, ses ongles se plantent dans sa joue au fur et à mesure que l'aiguille transperce son bras. Elle est heureuse. Elle est amoureuse. Elle sait qu'elle va partir au paradis avec son amante. Rien qu'elles deux, juste elles deux. Tous ses désirs inassouvis vont subitement renaître, au fil de la chaleur qui irradie tout son corps jusqu'à l'âme.

Grâce à l'infâme cadeau empoisonné de sa maudite amante. Grâce à son sang vicié qui coule maintenant dans ses propres veines. Grâce à leurs vices malsains associés, pour leurs plus grandes joies, pour ne faire plus qu'une.

Totalement déraisonnablement, elles s'autodétruisent au profit de leur plaisir immédiat. Oubliant leurs pudeurs, oubliant leurs sensibilités. Taisant leurs peurs, taisant leurs fragilités. Et c'est en robes du soir et talons hauts, savamment maquillées, parées de leur plus fine lingerie, jambes gainées d'un voile satiné, qu'elles s'injectent l'infecte substance, mélange hybride de cocaïne et cantharide, qui leur permettra d'aller jusqu'au bout de la nuit, d'aller jusqu'aux enfers, satisfaire leur besoin de décupler leurs sensations les plus sensuelles, pour vivre leur amour sauvage et s'abandonner sans retenue à leurs pulsions délurées.

Aux tous premiers effets, les regards se croisent, les lèvres se taisent et se sourient, les robes se retroussent et se froissent, les seins s'endurcissent et se dégagent de leurs bonnets, les déhanchements alors discrets se font plus pressants, trahissant déjà leurs premiers émois, synonymes des multiples jouissances qu'elles allaient ressentir en leurs ventres comme des tortures inouïes puisqu'elles resteraient stériles de tout orgasme.

Puis, subitement, elles se jettent l'une sur l'autre, comme de furieuses furies, s'étreignant violemment, empoignant leurs fesses, leurs poitrines, s'embrassant à pleines bouches, à en perdre haleine, se serrant à n'en plus pouvoir respirer, roulant à terre enlacées dans un corps à corps effréné. Une terrible ivresse, un tourbillon des sens voluptueusement amer, qui les transportera jusqu'au petit matin, totalement nues, échevelées, épuisées, leurs sueurs perlant à leurs paupières alourdies, leurs salives mêlées inondant leurs mentons, leurs cheveux maculant leurs joues, rougies d'avoir mis tant d'ardeurs à tenter par tous les moyens de se libérer du plaisir sans toutefois y parvenir.

Ce ne sera qu'au lendemain qu'elles enfanteront l'orgasme, en un éclair foudroyant au creux de leurs ventres noués de souffrances, en une merveilleuse délivrance dans la douleur de l'avoir tant espéré, tant attendu. Leurs cris déchireront le silence. Leurs jambes, pressées sur leur intimité, auront bien du mal à se décroiser, voulant retenir au maximum l'ultime souvenir de leur nuit de débauche, du délicieux voyage qu'elles se sont offert ensemble tout contre les nuages.

Nos corps enroulés

C'est étrange comme j'ai encore, sur mes lèvres, le goût de tes baisers et, sur ma peau, le doux frisson de tes mains. Comme si ton corps n'avait cessé de venir s'enrouler autour du mien. Comme s'il n'avait cessé de l'enserrer, de le réconforter, de lui offrir sa chaleur et sa douceur. La douceur de ta peau hâlée qui faisait naître, sous mes doigts, des milliers d'étoiles dans nos yeux et des milliers de « je t'aime » dans nos cœurs.

Mon Amour

Mon Amour,

Mon Amour à qui j'écris encore, chaque jour.

Mon Amour à qui je pense encore, toujours.

Mon Amour à qui je dévoue mon cœur, mon âme et mon corps.

Mon Amour que j'aime du plus tendrement au plus passionnément. Mon Amour au long cours, mon Amour à rebours...

Lorsque je viens ici, ce n'est plus mon ventre que cette musique, que cette ambiance, que nos mots mêlés, font palpiter. Ce sont mes yeux sous mes paupières closes pour mieux te sentir auprès de moi, encore un peu.

Mon Amour, toi qui est loin de mon cœur, de mon regard, de mes caresses, de mon corps. Toi qui t'éloignes chaque jour un peu plus, toi qui gagnes l'horizon, ton horizon. Souviens-toi. Souviens-moi. Le temps s'est écoulé, laissant ma peau couverte de tes baisers. Le temps s'est enfui, laissant mon cœur fermé, meurtri.

Le vide. Le vide entre mes mains. Le vide contre mes seins. Le désir a disparu, comme soufflé d'un vent d'oubli, comme replié au creux de moi, gardé caché pour toi, pour si un jour tu revenais. Je n'ai envie de personne d'autre comme j'ai envie de toi. je n'espère personne d'autre comme je t'attends là-bas. C'est à en perdre la raison, à en perdre mes repères. Je me cogne contre tout ce qui te rappelle à moi, contre tout ce que je n'oublie pas, contre tout ce que je regrette, contre le moindre petit morceau de toi que je guette, avide, vide, affamée de toi.

Le vide qui m'emporte, m'enlise, avec des liens que plus personne ne retient, avec des chaînes que plus personne ne démêle.

Mon Amour... Je t'aime...

www.ingramcontent.com/pod-product-compliance
Lightning Source LLC
Chambersburg PA
CBHW060100050426
42448CB00011B/2558